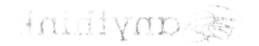

CELEBREMOS LAS FIESTAS ESTADOUNIDENSES

¿Por qué celebramos EL DÍA DE LOS PRESIDENTES?

Patty Swinton

Traducido por Ana María García

PowerKiDS press.

New York

Published in 2019 by The Rosen Publishing Group, Inc.
29 East 21st Street, New York, NY 10010

First Edition

Translator: Ana María García
Editorial Director, Spanish: Nathalie Beullens-Maoui
Editor, Spanish: Rossana Zúñiga
Book Design: Reann Nye

Photo Credits: Cover Alex Pix/Shutterstock.com; p. 5 Ariel Skelley/DigitalVision/Getty Images; p. 6 wavebreakmedia/Shutterstock.com; p. 9 Miljan Mladenovic/Shutterstock.com; p. 10 https://en.wikipedia.org/wiki/File:Gilbert_Stuart_Williamstown_Portrait_of_George_Washington.jpg; p 13 Pigprox/Shutterstock.com; p. 14 Everett Historical/Shutterstock.com; p. 17 DavidNNP/Shutterstock.com; p. 18 Shu-Hung Liu/Shutterstock.com; p. 21 Courtesy of the Library of Congress; p. 22 KidStock/Blend Images/Getty Images.

Cataloging-in-Publication Data

Names: Swinton, Patty.
Title: ¿Por qué celebramos el Día de los Presidentes? / Patty Swinton.
Description: New York : PowerKids Press, 2019. | Series: Celebremos las fiestas estadounidenses | Includes index.
Identifiers: LCCN ISBN 9781538333167 (pbk.) | ISBN 9781538333150 (library bound) | ISBN 9781538333174 (6 pack)
Subjects: LCSH: Presidents' Day-Juvenile literature. | Presidents-United States-History-Juvenile literature.
Classification: LCC E176.8 S95 2019 | DDC 394.261-dc23

Manufactured in the United States of America

CPSIA Compliance Information: Batch #CS18PK: For Further Information contact Rosen Publishing, New York, New York at 1-800-237-9932

CONTENIDO

El Día de los Presidentes
se celebra
el tercer lunes de febrero.

El Día de los Presidentes
es un día para aprender
sobre los presidentes
de Estados Unidos.

El presidente vive y trabaja
en la **Casa Blanca**,
en Washington, D. C.

9

10

George Washington fue nuestro primer presidente.
Nació el 22 de febrero de 1732.

El **Monumento a Washington** reconoce y distingue al presidente George Washington. Es el edificio más alto de Washington, D. C.

El Día de los Presidentes también honra a Abraham Lincoln. El presidente Lincoln nació el 12 de febrero de 1809.

El **Monumento a Lincoln** también se encuentra en Washington, D. C. Lincoln fue el presidente más alto de Estados Unidos.

IN THIS TEMPLE
AS IN THE HEARTS OF THE PEOPLE
FOR WHOM HE SAVED THE UNION
THE MEMORY OF ABRAHAM LINCOLN
IS ENSHRINED FOREVER

17

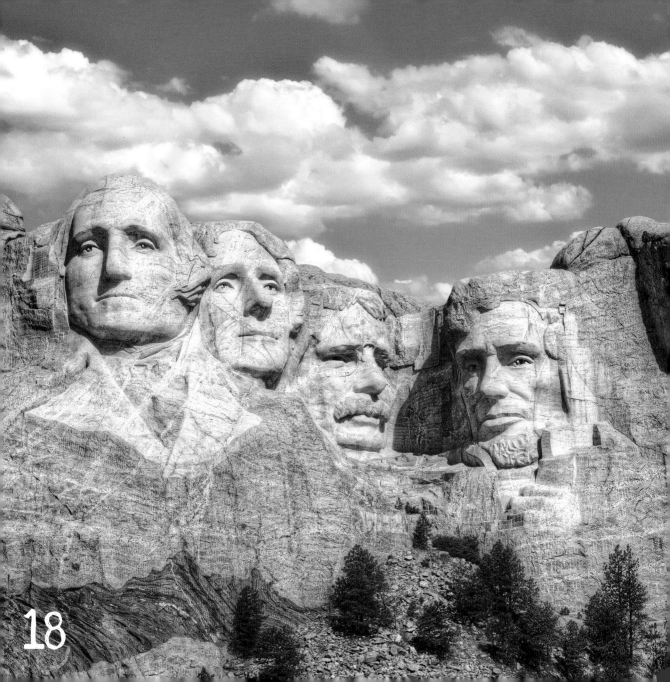

El Monte Rushmore muestra
a cuatro presidentes
estadounidenses.
Este monumento se encuentra
en Dakota del Sur.

Estados Unidos ha tenido
¡45 presidentes desde 1789!

UNITED STATES CAPITOL AT WASHINGTON.

AMERICAN PRESIDENTS. FIRST HUNDRED YEARS.
1776   1876

21

Y tú, ¿cómo celebras
el Día de los Presidentes?

Palabras que debes aprender

(el) Monumento a Lincoln

(el) Monumento a Washington

(la) Casa Blanca

Índice

Sitios de Internet

Debido a que los enlaces de Internet cambian constantemente, PowerKids Press ha desarrollado una lista en línea de sitios de Internet relacionados con el tema de este libro que se actualiza regularmente. Utiliza este enlace para acceder a la lista:
www.powerkidslinks.com/ushol/pres